Kun Kutsun kuulee

Pirjo Piippola

Kun Kutsun kuulee – kanavoitu

nimim. Ystävät yhdessä

Pirjo Piippola

Toinen osio on omasta elämästäni
Kun kutsun kuulin

Pirjo Piippola

Tekijänoikeus: 2015 Pirjo Piippola

Kustantaja: BoD – Books on Demand GmbH, Helsinki, Suomi

Valmistaja: BoD – Books on Demand GmbH, Norderstedt, Saksa

ISBN 978-952-318-833-4

Esipuhe:

Tämä kirjan ensimmäinen osio: *Kun Kutsun kuulee -*
kirjoitus on syntynyt kanavointina nimimerkillä:
"Ystävät yhdessä", samoin, kuin kolme
aikaisemmin kirjoitettua kirjaanikin:

Kastehelmiä Henkisentien kulkijalle, Kastehelmiä
Valintojen vaikeuteen ja Kastehelmiä Ajatuksen
voimalla.

Toisessa osiossa*: Kun kutsun kuulin*, kerron oman
elämäni tapahtumia. Tapahtumia, jotka ovat
vahvistaneet luottamustani ja uskoani siihen, että
elämä kantaa. Meidän on vain itse otettava se
ensimmäinen askel. Monesti se merkitsee sillä
hetkellä, askelta tuntemattomaan. Emmehän tiedä
tulevaa.

Tässä en yllytä ketään lähtemään tielle, jota ei
tunne omakseen. Suosittelen tutustumista omaan

sisäiseen minään, tunnistamaan oma itsensä, - siellä kuoren sisällä.

Me monesti luomme ulkoisen suojan, joka ei ole se todellinen itse. Suojelemme sisintämme.

Mietiskelyllä ja meditaatioilla voimme vahvistaa itseämme niin, että uskallamme luopua suojakuorestamme. Onnea matkaan. Tapahtukoon paras mahdollinen.

Pirjo Piippola

Kun Kutsun kuulee

Kun kuulee kutsun lähteä henkiselle tielle, - tuntee toisin sanoen suurta vetovoimaa omaan henkiseen kehitykseensä – tarvetta tietää enemmän, tarvetta olla itse mukana ymmärtämässä tämän elämän perimmäisiä tarkoituksia, tarvetta löytää samanhenkisiä ihmisiä, joiden kanssa puhua asioista, joista itselle on herännyt kysymyksiä, ihmettelyä kaikesta ja kaiken tarkoituksesta, silloin voimme sanoa, - hänet on kutsuttu kulkemaan henkistä tietä, kutsuttu kehittämään itseään henkiseen ymmärrykseen – tietoon.

Tälle tielle lähteminen vaatii tietoisen päätöksen.

Päätöksen, joka tulee muuttamaan koko elämän.

Tietää enemmän, ymmärtää laajemmin. Kysymyksessä ei ole tietoviisauden lisääminen pelkästään, vaan tiedon ymmärtäminen – sisäistäminen. Sisäistämisen kautta ihminen siirtyy aivan toisenlaiseen maailmaan.

Hän on laajentanut tietoisuuttaan.

Hän oppii näkemään kaikessa henkisen merkityksen. Hän oppii ymmärtämään, että kaikki elämän vastoinkäymiset eivät ole rangaistuksia, vaan rakkautta. Rakkautta, samanlaista, kuin vanhemmat ojentamassa lastaan totuudellisiin ja rehellisiin elämäntapoihin. Kaikki elämässä tapahtuvat vastoinkäymiset ja julmuudet ovat perimältään rakkautta ohjata meidät kohti henkistä kotia.

Kokemukset opettavat meitä pois itsekkyydestämme, kateudestamme, vihastamme.

Myös ylpeys on yksi paheistamme, sen kuluttaminen pois – nöyryydeksi, on toisinaan kova ja raskas tie kulkea. Kaiken takana on kuitenkin Ikuinen Rakkaus, joka ohjaa meitä, tosin toisinaan hyvin, hyvin hitaasti. Johtuen meidän omasta kovasta kuorestamme, joka ei halua heti taipua hyvyyteen.

Valinta on meidän.

Tielle lähdettäessä nämä kokemukset nousevat selvemmin ja voimakkaammin esille jokapäiväisessä elämässämme. Haluammeko lähteä tälle koettelemusten ja kärsimysten tielle? Tietoisesti.

Käymmehän me tätä tietä jokainen jo muutenkin. Ero on siinä, että Tiellä kohtaamme kaiken tietoisesti. Valintamme kulkea Tie auttaa meitä myös ymmärtämään, - miksi?

Näin olemme aloittaneet kärsimysten ja koettelemusten Tien kohti viisautta, kaiken ymmärtämistä, kohti laajempaa tietoisuutta. Kärsimysten Tie, - koska joudumme kohtaamaan *tietoisemmin* kaikki alemmat energiamme: vihan, kaunan, kateuden, ylpeyden, laiskuuden, himon/irstauden, ahneuden. Vastustukset tulevat olemaan sitä hurjempia mitä vakaammin olemme aloittamassa Tietämme.

Joudummehan me elämämme aikana muutenkin tekemisiin näiden alempien energioiden kanssa, mutta me tuskin huomaamme sitä. Siksi, että me niin monesti sorrumme luonnostamme ahneuteen, kateuteen, vihaan ym. Emme huomaa mitään erikoista tapahtuvan. Otamme sen osaksi luonnollista elämäämme. Niinhän se onkin. Vasta kun teemme tietoisen valinnan voittaa alemmat energiat, silloin huomaamme muutokset.

Tiellemme ilmaantuu koettelemuksia, kiusauksia sortua. Tilaisuuksia olla kateellinen, valheellinen, ahne... Nyt kun olemme tietoisia näistä monista kompastuskivistä, olemme silmät ja aistit avoinna. Huomaamme helpommin, tunnistamme nuo tilanteet.

Ei silti, että aina onnistuisimme karikot välttämään, ei, ei ole niin helppoa, - siksipä Tietä nimitämme Kärsimysten Tieksi.

Kärsimykset syntyvät omassa sisimmässämme.

Tunnemme tietoisemmin tekemämme valinnat. Tunnemme sortuneemme kompastuskiviin, tästä tuska sisällämme.

Vain sisäinen Rakkautemme auttaa meitä toipumaan tuskastamme. Nöyränä, tietoisena itsestämme, - itsestämme, joka on heikko kiusauksille.

Rakkaudella, joka kaiken uskoo, kaiken toivoo, kaiken anteeksi antaa, - tuolla voimalla me jaksamme.

Valo sydämessämme kuljettaa meitä eteenpäin läpi monenlaisten myrskyjen. Monesti menetämme uskomme ja vaivumme epätoivoon, monesti ryvemme itsesyytöksissä tuntien olevamme alhaisista alhaisin.

Lohduttavaa on tämä tieto, - et ole julmista julmin, et alhaisista alhaisin, *olet kallisarvoinen sielu* etsimässä tietä Valoon. Kun tämän tiedon istutamme sisälle sydämeemme, se ohjaa tietämme ulos ahdingosta.

Meidän tarvitsee vain pyytää!

Sydämestämme pyytää. Meitä autetaan. Meitä autetaan nousemaan ja kulkemaan eteenpäin Tietä, jota päätimme kulkea.

Onneksi kohtaamme monta Tiellä kulkijaa, saamme ystäviä, jotka myös ovat valintansa tietoisesti tehneet. Ystäviä, jotka tulevat ja opastavat ajatuksiamme näkemään Tien tarkoituksen ja päämäärän. Päämäärän, joka ei vielä tässä elämässä täyty. Tämä elämä on yksi vaihe monien jo elettyjen ja tulevien kokonaisuudessa.

Jokainen elämämme on seikkailu, jossa itse olemme esittämässä pääroolia, sekä myös käsikirjoittajaa ja ohjaajaa. Käsikirjoitamme elämää valinnoillamme, emme kuitenkaan tiedä lopputulosta. Siksi seikkailu.

Seikkailuhan vaatii rohkeaa mieltä, ennakkoluulotonta asennetta kohdata se mikä kohdattava on, tietoisena omien valintojemme seurauksista, ei vain tämän elämämme, vaan myös menneiden elettyjen elämiemme valintojen seurauksista. Valinnathan ovat olleet meidän, vaikkakin eri elämän näytelmästä ja myös eri roolista. Olemme kuitenkin itse olleet ohjaamassa ja kirjoittamassa tuota elämän peliä, kerta toisensa jälkeen.

Viisaina kirjoittajina ja ohjaajina osaamme luoda viisaita ja kasvattavia näytelmiä/elämän pelejä. Tietoisina luojina voimme jo päättää kohtaammeko osassamme onnea, rakkautta, rikkautta, vai joudummeko osaksi seikkailua, jännäriä, draamaa… Mitähän tämä nykyinen osamme meille tarjoaa?

Voimme kaikesta huolimatta tehdä valintoja parempaan, vaikka kyseessä olisi kielletty alle kahdeksantoistavuotiaalta – rooli, taikka kolmiodraama ym. vaikea osa. Olemmehan me oman elämämme luojia tässä ja nyt. Tämän elämän pelissä osat ovat jo jaettu, roolit sovittu. Repliikit ovat meidän.

Voimme valita suuntaa ajatuksillamme, puheillamme ja teoillamme, - *myös valitsemattomuus on valinta.*

Emme voi osoittaa sormellamme kohtalostamme muita kuin itseämme. Monesti Tiellä kulkiessamme emme edes huomaa tilaisuuksiamme tehdä valintoja.

Etenemme vaistojemme ja tapojemme ohjaamina. Aistimme, - paremmin sanoen tietoisuutemme on uinumassa.

Herättelyt ovat useimmiten hyvin hienovaraisia tapahtumia.

Sisimmässämme on orastava tunne, että kaikki ei ole tässä meidän näkyvässä maailmassamme. Eteemme tulee tapahtumia, jotka vahvistavat konkreettisesti tunnettamme. Kuuntelemme puheita, tapaamme ihmisiä jotka kertovat meille henkisestä puolestamme energioiden maailmassa.

Meistä itsestämme on kiinni miten toimimme.

Kiinnostummeko vai sivuutammeko asian.

Sivuutamme ehkä ensi alkuun, mutta kun tapaukset ja kohtaamiset uudenlaisten ihmisten ja ajatusten kanssa lisääntyvät, meitä kohtaa kiinnostuksen innoittama tarve tutkia asioita lähemmin. Alamme etsiä tuota kyseessä olevaa tietoa. Etsimme ja etsimme. Meidät valtaa tiedon jano, halu tietää enemmän. Etsimme kirjoja kirjastosta – osastolta – esoteerinen. Etsimme nykyajan tiedonvälittäjästä internetistä. Etsimme ja löydämme.. Keräämme tietoa kaikkialta, ihmisiltä joita kohtaamme, yhdistyksistä joihin liitymme. Teemme tuota kaikkea saadaksemme tunteen – "nyt olen kotona". Tunteen tuttuudesta, tunteen totuudesta, jota olemme sisäisen äänemme/vaistomme johdatuksella etsineet. Olemme Tiellä, joka vie kotiin parasta mahdollista reittiä – tietoisesti.

Kun olemme tutustuneet maailmaan, jonka ihmeitä emme ennen ole tienneet olevankaan, taikka olemme ehkä aavistaneet, mutta emme tietoisesti tienneet olevan olemassa, olemme alkamassa jälleen seikkailun, kuin "Liisa Ihmemaassa". Kuljemme ja ihmettelemme.

Huomaamme asioita, joita emme ennen ole tiedostaneet. Vaikka mikään ei kuitenkaan ole muuttunut ympäristössämme, me olemme muuttuneet ja kenties olemme saaneet uusia ystäviä, mutta kaikki elämä ympärillämme on ollut ennenkin, se vai ei enää tunnu samalta.

Monet asiat ovat saaneet uudenlaisia merkityksiä, monet asiat eivät ole tulleet edes tietoisuuteemme ennen kuin nyt. Näemme enemmän ja myös ymmärrämme enemmän, koko ajan enemmän ja enemmän. Näin on meille alkanut henkisen kasvun tie kohti korkeampaa tietoisuutta.

"Ken tietoa lisää hän tuskaa lisää". Sanonta on kirjaimellisesti totta! Tieto tuo tuskaa. Siksipä henkisen tien kulkijan on kehitettävä nöyryyttä ymmärtää – miksi? Meidän on kehitettävä taitojamme myötätuntoon ja anteeksi antamiseen.

Rakkaus on kuin liima, joka pitää Kaikkeuden koossa.

Kaikkiallinen Rakkaus on pyyteetöntä.

Rakkaushan on lahja, se annetaan, ilman vastaodotuksia.

Tuskan lisääntyminen johtuu silmien avautumisesta huomaamaan monenlaisia tilanteita, joissa tuskat, kivut, nälänhädät ovat läsnä. Tuskaa, koska ei tunne voivansa muuttaa näitä asioita, poistaa kaikki kipu ja hätä. Tuskamme haihtuu ainoastaan Rakkauden kautta. "Rakkaus, kaiken uskoo, kaiken toivoo, kaiken anteeksi antaa", oppimalla nöyryyttä Kaikkeuden edessä, ymmärtämällä, että ei voi muuttaa maailmaa ympärillään, voi muuttaa vain itseään.

Itsensä kautta voi muuttaa omaa maailmaansa ja ehkä esimerkkien kautta auttaa myös läheisiään muuttamaan omaa elämäänsä. Läheisemme kenties auttavat omilla esimerkeillään heidän lähellään olevia muuttamaan elämäänsä jne. Näin me voimme ajan kanssa muuttaa maailmaa enemmän kuin vain sitä lähellämme olevaa omaa elämäämme. Kaikki lähtee omasta sisäisestä itsestämme, henkisestä minästämme, siitä todellisesta itsestämme.

Voimme auttaa lähettämällä valoa ajatuksillamme. Voimme lähettää ajatuksillamme myötätuntoa sinne, jossa tukeamme tarvitaan.

Ensisijaisesti, jotta voi auttaa muita, pitää olla itse autettu. Oman itsen kuuntelu on ensiarvoisen tärkeää. Olenko tasapainoinen, hyvinvoiva henkisesti? Onko kehoni terve? Kehoni, jossa kuolematon henki asustaa, - sielussa.

Jos on itse epätasapainossa, on parempi kohdistaa auttamisenhalunsa sisäänpäin, omaan itseensä. Kaikki alkaa siitä. Ensimmäinen kutsu on omaan sisimpäänsä tutustuminen.

Kehon oireilut ovat viestejä henkiseltä itseltä fyysiselle itselle. Niitä viestejä on hyvä kuunnella. Jos eivät kehon pienet oireilut pysäytä meitä kuuntelemaan, keho korottaa ääntään, toisin sanoen oireet voimistuvat.

Kaiken tarkoituksena on saada meidät hiljentämään tahtia, tai hetkeksi pysähtymään, jotta kuulisimme sisäisen äänemme, joka kyselee, oletko nyt oikealla tiellä? Teetkö niitä asioita, jotka tuntuvat hyviltä ja tarkoituksenmukaisilta juuri sinulle? Kysehän on juuri sinusta! Teetkö niitä asioita, jotka tuntuvat hyvältä sinulle?

Kehosi huutaa sielusi puolesta.

Kutsun kuuleminen merkitsee monenlaisia asioita, jo se, että kuulet kutsun, kertoo sinun olevan valmis tutustumaan tämän elämän henkiseen puoleen tarkemmin.

Kun aloitat, tulet saamaan monenlaisia merkkejä, jotka kertovat sinun olevan oikealla tiellä. Merkkejä, jotka eivät kerro toisille mitään. Merkkejä, jotka vain sinä tiedostat olevan viestejä sinulle. Henkioppaasi, suojelusenkelisi, auttajasi energiassa pitävät sinusta huolen.

Tulet näkemään unissasi tai peräti valveilla ollessasi asioita, jotka ovat vastauksia mielessäsi myllertäviin kysymyksiin.

Vastaukset ovat symboliikkaa, sinun sisäinen itsesi lähettää viestit ja tietoisuutesi muokkaa ne päivätajuntaan ymmärrettäviksi. Sinusta huolehditaan. Luottamus omaan sisäiseen ohjaukseen on se voimakkain tekijä.

Sinun sydämessäsi sielu, sinun sielussasi sydän, ikuinen itsesi.

Jotta voisit olla varma ja henkisesti voimakas, vahva vastustamaan kiusauksia, sinun pitää olla "sinut" itsesi kanssa. Tasapainossa.

Usko ja luottamus hyvään ja totuuteen. Uskoasi yritetään horjuttaa monelta suunnalta, - ystäväsi kenties pilkkaavat ja vähättelevät.

Ystäväsi ovat silti ystäviäsi, heidän henkinen valmiutensa ei ehkä riitä vielä ymmärtämään sinun uutta mielenkiintoasi henkiseen kehitykseen. Ystäväsi ovat silti auttamassa sinua, - vaikkakin tietämättään, - tiedostamaan oman vahvuutesi ja valmiutesi kulkea valitsemasi Tie.

Ilkkuvat ja vähättelevät kommentit ystäviltäsi auttavat sinua vahvistamaan uskoasi, huomaamaan oman voimasi tai heikkoutesi. Heikkoutesi, jos ivailut saavat sinut epävarmaksi. Tämä kaikki on loppujen lopuksi sinun parhaaksesi, ystävät auttavat sinua vahvistumaan tai luopumaan. Oletko vahva uskossa henkiseen elämään energiassa? Jos et, voit alkaa alusta koska tahansa.

Kutsun kuulleet eivät voi tyytyä enää elämään vain tätä pinnallista, materiaalista elämää, he kaipaavat enemmän.
Oman ratkaisunsa tehneet etenevät askel kerrallaan, ei kannata kiirehtiä. Kaikki tulee aikanaan. Hän, joka Tien on valinnut, hän tulee aina löytämään vastauksen kaikkiin mieltään askarruttaviin kysymyksiin, - olla vain mieli ja aistit avoinna, se riittää.

Esim. Vastaus voi löytyä juuri radiossa soivasta musiikista tai puheohjelmasta. Vastaus voi tulla myös silmiin osuvasta tekstistä kirjassa taikka lehdessä ym.

Jopa ulkona liikkuessa katse voi ohjautua rekisterikilpeen, jossa sopiva lyhenne. Vastaus voi tulla melkein millä tavalla tahansa, kun se tulee kohdalle, sinä tiedät sen. Sisäinen tunteesi kertoo, tuossa se on.

Muista kiitos. Kiitollisuus takaa jatkumon.

Avoin mieli vastaanottaa viestejä, sydämesi/sisimpäsi osaa tulkita vastaukset. – Sinä vain tiedät! Ei siihen löydy järjellistä selitystä. Sisimpäsi tunnistaa vastauksen. Katseesi löytää esimerkiksi valkoisen sulan, katsot sitä suoraan, se vain on siinä. Merkki myönteisestä vastauksesta, ajatuksesi kulkevat oikeaan suuntaan. Sen vain tietää.
Selitä se sitten ystävillesi, jotka eivät ymmärrä kuin järjellisiä asioita.

Lohduttavaa on se, että kulkiessasi Tiellä, tulet kohtaamaan uusia ihmisiä, taikka sinut tullaan löytämään, - elämääsi ilmestyy uusia ystäviä, jotka ovat samalla tavalla kulkemassa Tietään. Tiellä kulkevat voivat jakaa keskenään kaikki kokemuksensa ilman ivailua. Parhaimmillaan saa tukea ja voi kuunnella toisten kokemuksia. Tämä kaikki on hyvin voimakkaasti uskoa ja luottamusta lisäävää. Tiellä onkin hyvä kulkea, ei olekaan enää yksin.

Mitä vahvemmiksi henkisesti kehitymme, sitä enemmän tulemme saamaan tietoa.

Tietoisuutemme taso laajenee.

Laajenee näkemään enemmän ja pidemmälle, ymmärrämme enemmän, tiedämme kaiken tapahtuvan syystä.

Me olemme teoillamme, ajatuksillamme ja puheillamme aiheuttaneet seuraukset. Seuraukset, joita niin helposti olemme arvostelemassa ja tuomitsemassa.

Ymmärtämällä enemmän, tiedostamme tekojemme painavuuden. Huolehdimme jatkossa paremmin itsestämme, hallitsemalla ajatuksemme, jotka ovat kaiken lähde. Ajatukset muovaavat puheitamme ja tekojamme. Tiedostamalla oman osuutemme elämämme luomisessa, lisäämme kunnioitusta Kaikkeutta kohtaan. Näemme selkeästi olevamme osa tuota kaikkea.

Emme ole yksin.

Yhdessä olemme luoneet maailmaamme, vaikkakin tiedostamattamme. Kunnes kuulemme kutsun ja astumme Tielle, joka vie meidät ymmärrykseen, - jos niin haluamme.

Tiellä kulkevaa kohtaa seikkailut, kuin "Tuhannen ja yhden yön saduissa", aina jotain uutta ja ihmeellistä.

Olemme avoimempia huomaamaan pienimmätkin merkit. Eikä se, että näemme merkkejä, vaan se, että ymmärrämme niiden merkityksen. Yleensä merkityksen, joka on suunnattu vain meille itsellemme.

Esimerkiksi mieltäsi askarruttaa asia, jota ajattelet keskittyneesti, koska asia on ratkaistava. Mieleesi syntyy asialle monenlaisia vaihtoehtoja. Näitä vaihtoehtoja pohtiessasi esimerkiksi: Huomaat valkoisen sulan tai vaikkapa auton rekisterikilvessä kirjaimet, jotka miellät myöntäväksi vastaukseksi, - sillä hetkellä miettimäsi vaihtoehto on se toteuttamisen arvoinen. Merkin nähdessäsi tiedät, tieto on sisäinen, et epäröi, - tiedät.

Merkit ovat olleet nähtävillä jo monet ajat, ei siitä ole kysymys, että ne ilmestyisivät siihen juuri sillä hetkellä, ei, - silmäsi ohjaavat sinut katsomaan juuri tiettyä kohdetta oikeaan aikaan. Sisimpäsi ohjaus, opastus auttaa sinua löytämään parhaan mahdollisen vaihtoehdon kyseiseen asiaan.

Sisimpämme ohjaa meitä kunhan vain uskomme ja luotamme.

Ensin meidän pitää pyytää.

Pyydämme sitä parasta mahdollista

ratkaisua/vaihtoehtoa. Seuraavaksi meidän pitää olla sisäiset silmämme ja korvamme auki, avoimin mielin, vastaanottamassa vastaus. Kun sitten jotain tapahtuu, - me tiedämme. *Emme epäröi.*

Jos epäröit, niin älä!!

Järjellä emme sitä pysty perustelemaan. Kysymys ei ole siitä, että sulan aina nähdessämme jotain olisi tapahtumassa, tai jokin asia pitäisi hoitaa tietyllä tavalla, - ei. Emme ole fyysisten tapahtumien ohjailtavissa. Jos olisimme, kuka tahansa voisi hyppyyttää ja ohjailla meitä.

Näin ei totisesti ole. Joka tähän lähtee, hän ei ole sisimpänsä ohjauksessa, hänellä ovat sisäiset aistit lukossa, hän on järkensä ohjauksessa. Tämä näkyvä maailma ohjaa häntä.

Yritämme sanoa, että sisimmän ohjaus on jotain muuta. Tieto tulee sydämeesi, sinä vain tiedät! Et voi sitä järjellä selittää, et järkeillä, se on tunne sisimmässäsi. Tätä on Tiellä kulkeminen. Avoin luottamus totuuteen johtaa valintojamme, usko Kaikkeuden hyvyyteen/lahjomattomuuteen.

Luottamus oman sisäisen oppaan äänen tunnistamisessa, siitä kaikki alkaa. Tunnistaa oma sisäinen minä. Kuka minä olen?

Kivikkoinen Tie, - tosiaan, - mutta kulkemisen arvoinen.

Energiassa kaikki toimii täydellisen oikeudenmukaisesti. Energiassa ei voi valehdella tai olla muuta kuin on. Energiassa eivät päde "mutta kun - jutut, en tarkoittanut – selittelyt", energiassa kaikki ON. Me saamme juuri sitä mitä olemme tilanneet, me niitämme sitä mitä olemme kylväneet.

Energiassa ratkaisee tekojen todellinen motiivi/tarkoitus.

Fyysisessä maailmassamme, voimme olla auttamassa ja antamassa hyväntekeväisyyteen avustuksia, teemmekö sen siksi, että saisimme arvostusta ja kunniaa ympäristöltä, vai puhtaasta auttamisen halusta, miten on? Vastaus löytyy sisimmästämme. Energiassa kaikki on mitä on, se on *totuus*. Tähän tietoon on hyvä perustaa luottamuksemme.

Totuus ei pala tulessakaan.

Tervetuloa kutsun kuulleet, kulkekaamme yhdessä tätä ihmeellistä Tietä.

Ystävät yhdessä
Pirjo Piippola

Kun kutsun kuulin

Milloin kuulin kutsun? Vaikeaa kohdistaa johonkin yhteen tapahtumaan. Johtuen siitä varmaankin, että olen kasvanut perheessä, jossa puhuttiin ihan luonnollisesti kaikista haamuista ja kummituksista. Nuo asiat tulivat meille lapsille tutuiksi jo nuorina. Tiesin jo varhain sen totuuden, että tämän fyysisen elämän lisäksi on jotain muutakin. Tuota asiaa vain ei koskaan ajatellut sen tarkemmin, se vain oli olemassa.

Sanonnat kämmenien kutiamisesta: "Vasen vastaanottaa, oikea ojentaa", tai sanontoja: "Älä laita käsilaukkua lattialle, tietää köyhyyttä taloon", "korvien kuumotus, joku puhuu sinusta pahaa", "posket punottavat, joku ajattelee sinua lämpimästi", "veitsi putosi lattialle, tulee miesvieraita", jne.

Jokapäiväistä ja tuttua. Jopa niin tuttua että oli myös totta. Minulle.

Tietämättä sen kummemmin energioiden toimivuudesta, tai chakroista yhtään mitään, toimin joka hetkessä omien tuntemuksieni mukaan.

Solmin nuorena avioliiton miehen kanssa, joka oli kotoisin Eteläpohjanmaalta. Kerroin hänelle näistä minun enteistäni; kämmenpohjien kutiamisista, jalanpohjien kutiamisista, veitsien, lusikoiden tai haarukoiden putoamisista ja niiden merkityksistä. Sain vastauksen: "Kuule, suomalainen ei usko ennen kuin näkee ja pohjalainen ei vielä sittenkään". Joten, - se siitä.

En ole niitä ihmisiä, jotka sepittävät juttuja ja kertoilevat sitten jälkeenpäin, joo joo minä tiesin tuon jo ennalta. Vaikea todistaa! Joten, - päätin jatkossa kertoa asiat heti jo etukäteen.

Eräs tapaus esimerkiksi: Aamulla ennen töihin lähtöäni minulta putosi veitsi lattialle, okei, meille tulee miesvieras tänään. (Minulle jonkin ruokailuvälineen putoaminen antoi vihjeen vieraista, joten äkkiä siivoamaan). Työpäivän päätyttyä ja iltahetkien siinä kuluessa, ketään ei tullut. Olimme jo vuoteessa, mutta en saanut nukuttua, koska asia vaivasi minua. Kysyin: "Onko täällä tänään ollut joku mies, kun minulta putosi veitsi aamulla lattialle?" Vastaus kuului: "Joo, oli, kaverini oli täällä odottamassa sillä aikaa, kun vaihdoin lenkkivaatteet päälleni ja lähdimme yhdessä lenkille." Huh mikä helpotus, olin ollut oikeassa, merkit pitävät edelleen paikkansa.

Näitä tapauksia oli niin monia, että meidän pieni poikammekin jo kyseli: "Äiti kuka tulee kylään kun minulta putosi lusikka?" Mieheni jopa sanoi itse omalle veljelleen: " Me tiesimme, että olet tulossa, meiltä putosi leipäveitsi lattialle." Tapahtumien monilukuisuus ja totuudellisuus vakuutti, jopa "pohojalaasen".
Kerran istuimme iltaa katsellen televisiota ja vasen kämmeneni alkoi kutista niin voimakkaasti, että minun oli pakko sanoa ääneen: "Mitähän minä saan, kun vasen kämmen kutiaa?" Samana iltana myöhemmin, soi ovikello. Äitini oli siellä sanoen: "Hei, ostin teille pesukoneen".
Samantapaisia tapahtumia on elämässäni lukuisia. Yksi ehkä elämäni voimakkaimmista: Oli työpäivä,

kello oli varttia vaille yhdeksän aamulla ja minulla oli alkamassa palaveri kello yhdeksän. Hermoilin, (jouduin esittämään johtokunnalle varastojenhallintaprojektini). Siihen aikaan vielä tupakoin, joten hermosauhut olivat paikallaan ennen tuota tilaisuutta.

Tullessani tupakkakoppiin, paikalla oli kaksi työtoveriani. Istuin penkille ja näin tuhkakupissa kaksi tulitikkua, jotka olivat ristissä. Nostin tikut erilleen, asetin ne rinnakkain, tytöt ihmettelivät, että miksi sinä tuon teit? Kerroin, että ristissä olevat tikut merkitsivät jotain "pahaa", joten en koskaan jätä ristissä olevia tikkuja siten, vaan oikaisen ne. Sitten jatkoin: Tälläkin hetkellä jalkapohjani kutiaa, se tietää, että tulen tänään tekemään jonkin matkan, jota en vielä tiedä. Olen tänään menossa keilaamaan, mutta sitä matkaa se ei tarkoita, vaan jotain, josta en vielä ole tietoinen. Tytöt kuuntelivat juttuani silmät pyöreinä. Sanoin, että ei tämä ole mikään huono, vaan hyvä juttu. Minulle viestitään etukäteen asioista, jotka joka tapauksessa tulevat tapahtumaan.

Minusta on ihanaa saada enteitä etukäteen. Silloinhan voi jo sisäisesti valmistautua siihen tulevaan, on se sitten mitä onkin.

Menin palaveriin, hoidin hommani.

Kello yhden aikaan minulle soitettiin. Puhelimessa oli veljeni vaimo, hän kertoi isäni kuolleen aamulla yhdeksän ja kymmenen välillä.

Vanhempani olivat eronneet jo vuosia aikaisemmin. Miten kertoisin suru-uutisen äidilleni? En ainakaan puhelimitse. Joten lähdin töistä, ajoin äitini luokse ja kerroin asian hänelle kasvotusten.

Seuraavana päivänä työpaikalla, voitte kuvitella näiden kahden tytön ilmeitä kun kerroin tapahtuneesta heille.

Kuolema ei ole ollut minulle milloinkaan paha tai huono asia. Olen ollut tietoinen jatkumosta koko ikäni, vaikkakin vain sisäisesti. Tämä "päiväminäni" ei vain aikaisemmin ole käsitellyt asiaa, ennen kuin nyt, tämän tapahtuman jälkeen.

Me suremme poismennyttä siksi, että koemme menettäneemme jotain. Me iloitsemme poismennyttä siksi, että hän on päässyt jatkamaan henkistä kehitystään uuteen olotilaan. Iloitsemme hänen puolestaan. Emme enää sure itsekkäästi omaa menetystämme. Ehkäpä kuulemani kertomukset lapsena haamuista ja kummituksista, ovat antaneet valmiudet ymmärtää, että elämä jatkuu kuoleman jälkeenkin.

Tämä tieto elämän jatkumisesta aiheuttaa ainakin minulla sen, että tarkkailen ajatuksiani, teen valintani sisäisen ohjauksen/omantuntoni mukaisesti. Pyrin totuudellisuuteen kaikessa. Kuuntelen oman sisimpäni/sydämeni ääntä.

En anna ulkoisten vaikutteiden viedä minua mukanaan ilman omaa tietoista valintaani. Omaa valintaani siksi, että seuraukset ovat minun koettava, olivatpa ne mitä tahansa. Helpompaa on ottaa vastuu omasta elämästään tietoisesti, kuin syyttää muita ihmisiä tai ulkoisia olosuhteita. Elämä jatkui. Poikani soitti minulle ja onnitteli:

"Onneksi olkoon, sinusta tulee mummi!" Vau!
Upea uutinen. Tosin nuoripari asui pienessä
hellahuoneessa, liian pienessä vauvaa ajatellen.
Joten, - lähdin etsimään uutta ja isompaa asuntoa.

Ajatuksissani, - myös itselleni.

Avioliittoni oli ajautumassa karille. En ollut ollut
onnellinen liitossani enää aikoihin. Pikemminkin
voi sanoa, totuttu tapa jatkaa elämää kuin ennen.
Mikään ei ulkoisesti ollut pielessä, vain sisäinen
oloni oli onneton. Tässä oli tilaisuus ja motiivi
tehdä muutos elämääni kerralla.

Etsin omakotitaloa, sellaista jossa olisi kaksi erillistä
asuntoa. Löysin sellaisen, äitini tuli takaamaan
lainani. Ostin talon kokonaan velaksi. Kaikki oli
kohdallaan, sain olla tukemassa nuoria vauvan
hoidossa.
Kunnes vuoden päästä nuoret hakivat isomman
asunnon perheen tarpeisiin. Jäin isoon taloon
yksin.
Elimme sitä aikaa kun lainan korot nousivat

"taivaisiin", olin pulassa lainanlyhennyksien kanssa. Myynti ei tullut kysymykseen. Kukaan ei ollut valmis maksamaan edes sitä hintaa, jonka itse maksoin. Olin murheissani ja etsin monenlaisia vaihtoehtoja miten selvitä kaikesta taloudellisesti. Vuokraus olisi yksi vaihtoehto.

Miten saisin nopeasti vuokralaiset? Rahani riittivät enää kuukauden lyhennykseen, sitten pankki ottaisi talon haltuunsa. Murhe sisälläni oli musertava. En puhunut asiasta kenenkään kanssa, asia oli vain minun. Tapani ei yleensäkään ollut puhua kotiasioistani työpaikallani.
Sitten se tapahtui! Yhtenä perjantaina ennen työpäivän päättymistä nuori mies, yksi alaisistani tuli luokseni ja kysyi, tiesinkö vuokrattavaa omakotitaloa tästä lähettyviltä? Hänellä oli kaksi tytärtä ja he asuivat kerrostalossa, josta he halusivat muuttaa pois, taloon jossa olisi lapsille oma piha. Vastasin, että kyllä tiedän. Minulla on! Kerroin sijainnin, ja hän halusi sitä heti katsomaan. Kävimme talossa ja hän kysyi, paljonko olisi

vuokra? Kerroin vuokran ja hän sanoi palaavansa asiaan puhuttuaan vaimolleen.

Seuraavana päivänä lauantaina, heti aamulla hän soitti ja kysyi, koska he pääsisivät muuttamaan? Sanoin, että heti, kun olen saanut kahden kuukauden vuokran etukäteen. Talo on vapaa. Johon tämä nuori mies sanoi, että hänellä ei ole maksaa kuin yhden kuukauden vuokra, mutta kävisikö se, että he maksaisivat kuukaudessa enemmän, kuin sen mitä pyysin? Vastasin myöntäväsi. Teimme vuokrasopimuksen ja perhe muutti taloon. Tämä perhe asui siellä neljä ja puoli vuotta. Selvisin lainoistani, korkotasokin laski vähitellen inhimilliseksi.

Elämä jatkui suht' tavalliseen tapaan.
Kunnes tulimme vuoteen, jolloin isäni kuoli lokakuun loppupuolella.
Äitini muutti saman vuoden marraskuussa alussa pienempään asuntoon. 75m2:stä 45m2:iin.
Huonekaluja ja muuta tavaraa jäi yli tarvittavan.

Samaan aikaan lokakuun alkupuolella vuokralaiseni sanoivat itsensä irti. He muuttaisivat pois lokakuun viimeinen päivä. OK.
Tilanne avioliitossani sai lopullisen päätöksen:
Minä eroan. Nyt minä muuttaisin pysyvästi omaan talooni.

Marraskuun ensimmäinen päivä poistuin kodistamme. Otin mukaan verhot ikkunoihin, patjan, peiton ja tyynyn, sekä omia henkilökohtaisia tarvikkeita ensi alkuun. Tästä alkoi oma elämäni. Isäni jäämistöstä sain pölynimurin, mikron, kahvikeittimen, ym. tarviketta todelliseen tarpeeseen. Äidiltäni sain ylijääneen parisängyn, keittiöön pirttikaluston, ym.
Miniältäni sain parilla kympillä kirjahyllyn. Minulla oli kaikki se mitä tarvitsin. Tuosta vain!
Mikä seikkailu! Vanha talo kaipasi monenlaista kunnossapitotehtävää. Olin valmis. Ostin sahaa, poraa, kaikenlaisia työkaluja, (joita myös osasin käyttää). Luotin, että elämä kantaa, apua tulee jos sitä todella tarvitsen. Näin on ollutkin.

Poikani erosi ja muutti vuokralle yläkertaan.
Helpotti taloudellista tilannettani, olinhan edelleen
"naimisissa" pankin kanssa.

Vuodet vierivät.

Seurustelin miehen kanssa, joka teki jatkuvaa
vuorotyötä. Toisin sanoen, vapaat olivat milloin
sattuivat. Työtä oli Jouluna ja muinakin
pyhäpäivinä. Minulla taas oli säännöllinen työaika,
- vapaat viikonloput. Tuli helmikuu ja Ystävänpäivä,
ystävälläni oli tuo viikonloppu vapaata. Hieno
juttu! Vaan miten kävikään? Hän ilmoitti minulle
lähtevänsä maalle auttamaan ystäväänsä mökin
rakennustöissä. Mitä!
Oletko tosissasi? Jätät minut yksin Ystävänpäivänä!
"Kyllä, olen jo luvannut mennä auttamaan." Se
siitä.
Sanoin: "Tämä suhde loppuu sitten tähän. Olen
varma, että minua varten on olemassa mies, joka
haluaa vain ja ainoastaan olla minun kanssani!"
"Onko näin?" Kyllä! Suhde loppui siihen. Olin
todella loukkaantunut.

Kaksi viikkoa tästä 28. helmikuuta, menin tanssimaan ja tapasin siellä miehen, joka tuntui todella ihanalta. Hyvä tanssimaan ja tulimme toimeen kuin tuntisimme jo ennestään. Rakastuimme, menimme kihloihin ja muutin hänen luokseen asumaan.

Kävimme viikonloppuisin minun talossani ja mies teki kaikenlaisia korjaustöitä, joihin minä itse en olisi kyennyt.

Sulhasellani oli talo luonnon keskellä ja hän oli rakentanut pihalle ison lintulaudan ruokkiakseen lintuja. Lintuja kävi runsaasti, monenlaisia. Kaupunkilaisena tunnistin talitintin, sinitiaisen ja hömötiaisen.

Otin monesti avukseni ison lintukirjan, josta sitten yritin tunnistaa mahdollisimman monta lintulaudalla kävijää. Istuin usein keittiön ikkunan ääressä katsellen ulos ja ihaillen luonnon kauneutta ja moninaisuutta. Mielenkiintoni oli herännyt tunnistamaan kaikki näkemäni lintulajit.

Kyselin kerran, minkälainen on harmaapäätikka, onko täällä näkynyt sellaista? Sillä samalla hetkellä, ikkunan ohitse, katseeni suuntaan lensi iso lintu ja se lintu asettui puun runkoon parinkymmenen metrin päähän. Hain kiikarit, ja totesin, tuossa se kyseinen tikka nyt on!

Kerran kun taas selailin lintukirjaa tarkemmin, huomasin, että tiaisia oli olemassa todella monta eri sorttia. Oli talitiainen, sinitiainen, hömötiainen, töyhtötiainen, kuusitiainen ja hei vielä pyrstötiainen!

Kyselin: "Oletko nähnyt tuota pyrstötiaista täällä?" Vastaus kuului: "En, en ole nähnyt."

Seuraavana aamuna, kun heräsimme, (meillä oli makuuhuoneesta suora näkymä ikkunasta ulos ja pihalla kasvoi nuori koivu ihan ikkunan edessä) koivun oksalla istui lintu, joka katsoi suoraan sisälle. Katselin lintua, minusta se oli ihan kuin se kirjassa näkemäni pyrstötiainen. Kysyin sulhaseltani: näetkö saman kuin minä? "Kyllä. Tuo on pyrstötiainen!" Lintua hetken katseltuani ja todettuani, että se todella istui siinä oksalla, eikä ollut vain kuvitelmaa, nousin ylös, aikomuksenani hakea kamera, ikuistaakseni tuon hetken, - lintu pyrähti lentoon ja poistui paikalta.

Emmekä pyrstötiaisista sen jälkeen tehneet havaintoja. Kokemus oli mieleenpainuva, olinhan edellisenä iltana kysellyt juuri tuosta lajista.

Elämä tuntui menevät todella ihanasti. Kunnes haihtui ensihuuma.

Sulhaseni oli jo eläkkeellä, hän oli kotona. Minä kävin töissä. Esimiehenä en tullut kotiin aina joka päivä tasan samaan aikaan, en tietenkään, pitihän minun tehdä työni loppuun, vaikka työaika olisikin jo loppu.

Siitä alkoivat ensimmäiset sanomiset, kuulustelut: "Missä olet ollut, kenen kanssa olet ollut?" Yritin ajatella, että kun hän todella oppii tuntemaan minut, epäilykset jäisivät.

Tansseissa käydessämme, hepulikohtaukset alkoivat heti kun tervehdin tuttuja tanssittajiani, olinhan tullut heidän kanssaan tutuksi, monien vuosien ajalta. Kohtaukset olivat suurin piirtein: "Mitä! Oletko ollut tuonkin kanssa!"

Aloin karttaa tuttujeni tervehtimistä. Varoin jokaista sanaani ja jokaista tilannetta, josta voisi syntyä yhteenottoja ja sanomista.

Olen luonteeltani avoin ja iloinen, joten jouduin tilanteeseen, jossa en voinut olla oma itseni.

Tilanteet pahenivat myös kotona. Sulhaseni teki kotiviiniä isoja määriä kerrallaan. Monesti tullessani töistä, pihalla istui sulhaseni, naapurin isännän kanssa, viinilasit käsissä, pienessä humalassa. Heti alkoi yleensä melkoinen räpätys. Kaikesta mahdollisesta. Naapurin poistuttua tilanne paheni. En voinut kuunnella suuttumatta myös itse. Riitelyt pahensivat koko tilannettamme entisestään.

Lopputuloksena se, että kun ja jos huomasin kotiin tullessani viiniä nautitun, lähdin saman tien, ajoin omaan kotiini, jonka olin säilyttänyt itselleni, juuri kenties vaistoten tällaiset tilanteet. Sulhaseni oli moneen kertaan ehdottanut, että myisimme molemmat omat kotimme ja ostaisimme yhden yhteisen.

Tilanteessa jossa olin, ajattelin vieläkin, kyllä hän siitä muuttuu. Mutta kun sitten töissä hyvä ystäväni kysyi minulta: "Kuule Pirjo, mikä sinulla on? Et ole enää entinen iloinen itsesi." Heräsin huomaamaan oman tilanteeni. Jotain oli tehtävä. Halusinhan kuitenkin elää elämääni tasapainoisena ja onnellisena. Nyt en sitä ollut.

Tajusin myös, tilannetta elämässäni tutkiessani, *olin saanut juuri sitä, mitä olin pyytänyt!!* (Muutamaa vuotta aikaisemmin.)

Jotain oli tehtävä. Purin kihlauksen. Muutin takaisin omaan kotiini.

Jatkoin elämääni tietoisempana. *Tuosta hetkestä alkaen olen pyytänyt parasta mahdollista.* En enää yksilöi toiveitani. Universumissa/energiassa tiedetään paremmin mikä on minulle parasta.

Tietämättä edelleenkään energian ja universaalien lakien toimivuudesta sen enempää, elin luottaen elämän kantavan.

Työssäni olin joutunut (tehtyäni varastonhallintaprojektin valmiiksi), toiseen vielä vaativamman projektin yhdeksi vastuuhenkilöksi, nimenomaan varastohallintaa koskien. Olimme uudistamassa lähettämön keräilyjärjestelmää kokonaan tietokonepohjaiseksi. Kesä 2002 kului määrittelykokouksissa.

Valitsimme oikeanlaista ohjelmaa, joka antaisi kaiken vaatimamme. Kävimme, me kolme henkilöä (lähettämön-, varaston- ja tietohallinnontaitajat) elokuussa myös viikon tutustumismatkalla Ruotsissa.

Palattuamme alkoi toteutusvaihe. Kun sitten olimme saaneet pohjatyöt tehtyä, alkoi henkilöstön koulutus uuteen systeemiin. Työpäivät venyivät.. Paine onnistumisesta kasvoi. Lähetykset uudella järjestelmällä oli tarkoitus aloittaa marraskuun neljäntenä päivänä. Eli aika nopeaan tahtiin etenimme.

Lähetykset alkoivat sovittuna päivänä, mutta työtaakka ei vähentynyt, päinvastoin. Alkoi tiukka seuranta, sekä vanhalla, että uudella järjestelmällä.

Kirjanpidon oli täsmättävä. Saapumisten ja lähetysten piti olla tarkalleen oikein. Inventointeja, inventointeja, seurantaa, seurantaa.. Olin aivan piipussa. Päätöskokouksessa kyllä mainittiin, että olimme tehneet ihmeitä. Niin olimmekin, mutta, minkä kustannuksella?

Olin vuoden alusta 2003 uupunut henkisesti. Aloin tietoisesti delegoida töitäni alaisilleni. Kaiken sellaisen, jota minun ei ollut pakko tehdä, annoin alaisilleni tehtäväksi. Alaiseni kysyivät monesti, - miksi?

Vastaukseni oli: "Jos vaikka saan tilaisuuden jäädä töistä pois, niin on helpompaa lähteä, kun asiat ovat täällä hallinnassa."

Tein työohjeita kaikesta mahdollisesta. Pyrin tekemään niin vähän kuin mahdollista itse. Olin uupunut, henkisesti loppuun palanut. Pidin kesäkuussa kesälomanikin, jotta jaksaisin. En halunnut mennä hakemaan sairaslomaa, koska ajattelin silloin tunnustavani olevani sairas. Ei, olin terve ja vain vähän uupunut. Lepo auttaisi.

Kesäkuun puolivälissä äitini tuli käymään luonani. Asia, joka hänellä oli, mullisti taas elämääni päälaelleen, hyvällä tavalla.

Äitini aloitti puhumisen: "Olen tässä ajatellut, että annan teille lapsille omistamani liikehuoneiston ennakkoperintönä. Minulla on itselläni jo kaikki mitä tarvitsen, te tarvitsette nyt noita rahoja enemmän." Mitä! Oletko nyt tosissasi? Aivan varmastiko! "Olen, olen." Tämä keskustelu aiheutti minulle muutaman unettoman yön. Ajatukseni laukkasivat kuin villihevoset ympäriinsä, mietin erilaisia vaihtoehtoja. Laskin ennakkoperinnön mahdollisen rahallisen arvon. Tulin siihen tulokseen, että saisin tällä ennakkoperinnölläni velkani maksettua. En olisi enää "naimisissa" pankin kanssa!

Kun palasin töihin Juhannuksen jälkeen, ensimmäinen tekoni oli kirjoittaa irtisanoutumiseni kirjallisena. (Olin ollut samassa työpaikassa yli kolmekymmentä vuotta ja pitänyt työstäni ja työkavereistani.) Hämmästys ja ihmettely olivat melkoista! Miksi lähdet?

Kerroin tilanteestani, joka antoi minulle mahdollisuuden tehdä näinkin ison ratkaisun. (Minulla oli hyvä työ, hyvät edut, mutta oman itseni hyvinvointi menee tuon kaiken edelle.) Rahalla ei saa terveyttä ja hyvää sisäistä oloa, jotka ovat minulle tärkeämpiä kuin raha. Vaikkakin rahaa tarvitaan laskujen maksuun ja elämiseen yleensä. Päätin, että tulen toimeen vähemmälläkin.

Päätin, että minulla on aina kaikki se, mitä tarvitsen!

On paljon asioita joita voi haluta, mutta tarvitseeko niitä?

Tuleeko ilman niitä toimeen? Tulee, voin vakuuttaa, että haluamme paljon enemmän, kuin mitä todella tarvitsemme!

11.7.2003 oli viimeinen työpäiväni.

Vietin monta kuukautta vain olemalla, annoin itselleni luvan toipua, vain olla. En asettanut itselleni minkäänlaisia velvoitteita. Vain olin. Joulukuussa alkoi tapahtua..

Silloin oikeastaan alkoi tuo syventymisjakso henkisyyteen.
Siskoni soitti minulle vuoden 2003 joulukuun alussa ja kysy tai oikeastaan pyysi, että lähtisin hänen kanssaan meedion luo. Hän tilaisi meille ajat, jos olen valmis hänen kanssaan menemään. Vastasin, että totta kait, hyvä juttu. Mielenkiintoista kuunnella mitä meediolla on sanottavaa. Saimme ajat joulukuun puoleenväliin. Se, mitä siskolleni sanottiin, en jaksa tässä muistaa, mutta minulle sanottiin jotain, jonka muista hyvin. "Sinulla on elämässäsi paljon rakkautta. Tiesitkö, että sinulla on käsilläparantamisentaito?" En, en tiennyt. En tiennyt koko asiasta mitään. Sitten tämä meedio kertoi yhdistyksestä, jossa näitä asioita opetellaan ja puhutaan henkisestä kehityksestä.
Välittömästi lupasin liittyä tuohon kyseiseen henkisenkehityksenyhdistykseen. Sain yhdistyksen

ohjelman, liittymislomakkeen ja kutsun saapua 4. tammikuuta 2004 ensimmäiseen tilaisuuteen. Olin aivan innoissani. Vihdoinkin olisin seurassa, jossa näitä henkiasioita käsitellään ilman hämmästelyä.

Sitten alkoi tapahtua. Samana iltana koin elämäni ensimmäisen näyn. Olin sängyssä valmiina untenmaille, kun "näin" minua kohti tulevan tumman hahmon, suoraan edestä, - hahmoja olikin useampia. Niitä oli viisi. Hahmot voisi parhaiten kuvata munkinkaapuisiksi olennoiksi. Hahmot asettuivat molemmin puolin minua, vartaloni keskikohdalle. Tarkkailin tätä tilannetta, - hahmot olivat kumartuneena ylleni, ikään kuin olisivat tekemässä minulle jotakin operaatiota. En tuntenut pelkoa, vain hämmästystä. Kaikki tuo oli niin todentuntuista.
Tilanne loppui siihen, että kasvojani kohti ojennettiin kauniin sädehtivän sininen valo. Loppu. Ei aivan. Mieleeni tuli ajatus "chakra".
Tämä tapahtuma sai aikaan sen, että minulle tuli suorastaan pakonomainen tarve tietää enemmän.

Etsin netistä sanalla "chakra", kaikkea siihen liittyvää, luin, luin ja luin. Kunnes ymmärsin energioista ihmiskehossa hieman enemmän. Kävin yhdistyksen tilaisuuksissa, jokaisessa. Ajan kanssa minut valittiin myös johtokuntaan, rahastonhoitajaksi, huolehtimaan yhdistyksen kirjanpidosta ym. asioista.
Jatkoin tiedon etsintää... Kävin kirjastossa ja lainasin lähes kaikki kirjat, (viisi kirjaa kerrallaan), jotka vähänkin viittasivat esoteeriseen tietoon.
Luin, luin..
Olin löytänyt ihmeellisen maailman. Maailman, jossa olin jo elänyt tietämättä, mitä kaikkea siihen sisältyy.

Sitten tapahtui, että näin toisen näyn (samanlaisessa tilanteessa kuin edellisenkin). Olin pitkälläni sängyssä odottamassa nukahtamista, yllättäen näin kauniin seinän, täynnä vaaleanpunaisia kukkia hentoine vihreine varsineen ja lehtineen. Koko seinä oli täynnä kukkia. Seinässä oli uloke, kuin palkintopallilla, mutta vain kaksi koroketta. Kummallakin korokkeella paloi pitkä valkoinen kynttilä, sellaisessa vanhanaikaisessa pidikkeessä, jossa on kuin lautanen ja kahvikupin korva. Tätä kaunista näkyä katsellessani, yhtäkkiä siihen eteeni ilmestyi yksi munkinkaapuinen hahmo.

Hahmo vain seisoi siinä. Ei muuta. Ajatuksiini tuli asia: Ilman näitä kynttilöiden liekkien valoa, en olisi nähnyt tätä hahmoa. Samalla myös: Nämä kaksi kynttilää symboloivat kahta lahjaa/ominaisuutta, joiden ansiosta näin tämän kaiken. Mikä kokemus!

Yhdistyksen tilaisuuksissa opin keskittymisen jalon taidon, meditoinnin. Opin, miten tärkeää on hallita omat ajatuksensa. Teimme harjoituksia yhdessä ja erilaisissa sovituissa ryhmissä, säännöllisesti. Yhdistys myös järjesti koulutusta. Suoritin mediaalisen peruskoulutuksen, perimmäisenä tarkoituksena kouluttautua meedioksi, välittämään viestejä tuonpuoleisesta. Minulle tuo homma ei kuitenkaan sopinut, jo harjoituksissa tunteet olivat niin voimakkaita, että kyyneleet valuivat silmistäni. Kuka kaipaa itkevää meediota, eipä ainakaan yleisö, joten katsoin saaneeni kaiken sen opin, jota kaipasin, en jäänyt paikalleni, erosin yhdistyksestä.

Näiltä ajoilta sain monta hyvää ystävää, jotka ovat edelleen elämässäni. On todella upeaa, voida jutella asioista kuin asioista ihmisten kanssa, jotka itsekin tietävät ja ymmärtävät näitä asioita. Henkisyys ja henkiset pyrkimykset eivät loppuneet, ei elämäntapojaan muuteta, niistä tulee osa itseä. Ilman niitä ei voi enää elää täyttä elämää.

Elämässäni alkoi aika, jolloin pienimmätkin ajatukseni, tai paremmin, toiveeni kuultiin. Eräänä syksyisenä aamuna olin menossa äitini luokse, - toimitin hänen asioitaan, kävin kaupassa ym. Oli ollut ensimmäisiä pakkasöitä ja autoni tuulilasi oli huurussa, pienessä jäässä. Jouduin puhdistamaan lasin jääravalla ja käsissäni olivat ohuet mokkasormikkaat, joten sormeni olivat aika kohmeessa. Ajattelin siinä lasia putsatessani, että

pitäisi kyllä jo hankkia vuorelliset nahkasormikkaat,
on sen verran kylmät ilmat. Talvi tulossa.
Kotoani äitini luokse ajoi noin vartissa.
Saapuessani perille, äitini oli ovella vastassa, -
hänellä oli kädessään vuorelliset nahkasormikkaat,
hän ojensi ne minulle ja sanoi: "Kuule, tässä sinulle
sormikkaat, nämä eivät enää mahdu minulle,
käteni ovat sen verran turvonneet. Sinulle ne
varmaan sopivat." Niin sopivat!

Siinä ehkäpä viikkoa myöhemmin ajattelin, että
olisi kiva hankkia musta nahkainen olkalaukku,
sellaista minulla ei ole. Ajatusta seuraavana
päivänä, entinen mieheni soitti ja sanoi: "Kuule,
sain kaikenlaista tavaraa vietäväksi kierrätykseen.
Jos haluat, voit tulla katsomaan onko täällä jotain
sellaista jota tarvitset." Ei tarvitse paljoa arvailla,
löysin sieltä mustan nahkaisen olkalaukun, laukku
on minulla vieläkin!
Samoin kävi kun näin eräällä nuorella ihmisellä
kivan näköiset muoviset siniset aurinkolasit,
sellaiset kevyet. Minun aurinkolasini olivat

raskaskehyksiset, eivätkä pysyneet olemattomalla nenälläni, vaan liukuivat aina alas kohti nenänpäätä. Ajattelin, että tuollaiset olisivat minullekin varmasti hyvät, pysyisivät paikoillaan nenälläni. Eipä tuostakaan ajatuksesta mennyt kuin pari päivää. Olin ulkona pihalla rapsuttamassa kuivia lehtiä haravalla aivan raja-aidan tuntumassa, kun kappas vaan! Löysin aurinkolasit! Juuri sellaiset samanlaiset kuin olin nähnyt ja toivonut.

Tällaisia asioita tapahtuu elämässäni paljon, nämä ovat erityisesti jääneet mieleeni, vaikka vuosia onkin jo kulunut näistä tapahtumista.
Samoin kävi valkoisen sulan tapauksessa. Yksi ystävättäreni, johon tutustuin mainitsemassani yhdistyksessä, tuli kyläilemään luokseni. Juteltiin koko päivä, kaikenlaisista asioista. Hän kertoi valkoisesta sulasta ja kysyi minulta tiesinkö sellaisesta, sanoin, etten ollut kuullut koko jutusta. Mitä tarkoitat? Hän kertoi, että valkoinen sulka on viesti enkeleiltä ja samalla hän lohdutti minua sanoen: "Tulet saamaan oman sulkasi, usko vaan".

Niinpä tuossa kävi, - seuraavana päivänä kun olin lähdössä asioille, menin autoon, istahdin penkille ja näin sen. Valkoisen sulan! Pikemminkin untuvan, pilkottavan viereisen penkin selkänojasta. Otin sen käteeni ja katsoin, en ollut uskoa silmiäni, autoni penkin selkänojasta sain valkoisen sulkani! Minun oli suorastaan pakko soittaa tuolle kyseiselle ystävättärelle ja kertoa miten minun oli käynyt. "Hyvä juttu, tuo tietää sitä, että saat aina parkkipaikan kun vain toivot ja pyydät sitä." Ai, niinkö? Taas opin jotain uutta. Voin tilata vapaan parkkipaikan jo etukäteen!

Näin olen tehnyt.

Viedessäni pojanpoikaani sairaalaan, kuvattavaksi, (hänellä oli käsivarsi kipsissä), sanoin hänelle siitä pihasta lähtiessämme, että nyt sitten tilataan sieltä ylhäältä ulko-oven läheltä parkkipaikka, jotta ei meidän tarvitse kävellä kovin kaukaa. Nuorimies 12v. katsoi minua kummissaan, joten kerroin hänelle, että kun ihminen on kiltti, hänen toiveensa toteutetaan.

Niin sitten kävi, että kun ajoimme ylös mäkeä, suunnistaen mahdollisimman lähelle ulko-ovea, (siinä lähellä on vain kuutisen autopaikkaa), juuri kun tulimme kohdalle, yksi auto peruutti pois, jättäen meille vapaan paikan! Tässä vaiheessa sanoin pojalle, huomaatko, tässä ollaan oltu kilttejä, toiveet toteutuvat! Tällaiset käytännössä tapahtuvat asiat opettavat luottamusta parhaiten.

Vuodet kuluivat. Liikunnallinen tanssiharrastukseni jatkui.. Tapasin ihania ihmisiä, joista tuli hyviä ystäviäni. Erääseen heistä tutustuin tanssilavalla, tilanteessa, jossa istuimme penkillä vierekkäin ja aloimme jutella. Ihan kuin olisimme jo vanhoja tuttuja. Tämän uuden ystävättäreni ystävätär kysyi meiltä, että olemmeko siskoksia, kun olemme niin samannäköisiä? Katsoimme toisiimme ja vastasimme, että olemme! Näin sain itselleni isosiskon. (Olin itse isosisko). Kun kerroimme nimemme, totesin, että minulla on oikeastikin samanniminen sisko.

Tästä isosiskosta johtuen elämäni tapahtumat saivat jälleen mullistavia käänteitä.

Isosisko oli viettänyt monet vuodet talviaikoja Espanjassa. Hänestä etelän lämpö oli juuri kuin hänelle luotu. Pari vuotta tutustumisestamme isosiskoni kertoi löytäneensä Espanjassa ollessaan ihanan miehen. Arvon, joka oli luvannut saapua hänen luokseen Suomeen tullessaan, parikuukautta isosiskoni kotiin tulon jälkeen. Isosiskoni valmisteli kotiaan vastaanottamaan suurta rakkauttaan. Hänen elämänsä oli kuin pilvissä leijuntaa. Tiedän, koska jaoimme nämä asiat keskenämme. Olin onnellinen hänen puolestaan.

Tapahtui ikävä muutos. Tämä suuri rakkaus oli ilmoittanut isosiskolleni, ettei hän voikaan saapua. Hänen entinen tyttöystävänsä oli palannut takaisin!

Tuo ilmoitus masensi isosiskoni, hän oli aivan alamaissa. Puhuimme asiasta ja ruodimme elämää yleensä. Kannustin häntä jatkamaan elämäänsä nauttimalla kaikesta mahdollisesta. Kävin hakemassa häntä tansseihin, kannustaen: "Pää pystyyn - arvon mekin ansaitsemme!" Tuota: "Arvon mekin ansaitsemme" hoin koko kesän, siitä tuli "lentävä lause".

Näin kului se kesä.

Isosisko alkoi houkutella minua Espanjaan. Lähdetään lämpimään, ottamaan aurinkoa, tanssimaan.. Meillä olisi varmasti hauskaa siellä. Minun vastaukseni oli, ehdoton ei! Mitä minä siellä tekisin? En ota aurinkoa, ihoni palaa herkästi, olen pisamainen. Vesi taas on märkää! Ehdoton ei! Isosiskoni ei antanut periksi. Vihdoin hän sai luovutusvoiton. Okei! Tulen sinun kanssasi, pariksi viikoksi.
Tämän suunnitelman sai tietää myös eräs yhteinen ystävättäremme, hän innostui lähtemään mukaan. Joten, tilasimme hyvissä ajoin mahdollisimman edulliset lennot, meno – paluu, kahdella vaihdolla (kolme lentoa yhteen suuntaan). Totesimme, että ei se mitään jos matka kestää vähän kauemmin,

meillä on hyvää seuraa toisistamme, otamme matkan seikkailuna. Päätimme nauttia matkasta täysin siemauksin.
Lentomme Malagaan oli 22.10. Ensimmäinen viikko sujui vilkkaasti. Kävimme tutustumassa ympäristöön. Teimme bussiretkiä. Kävelimme pitkiä matkoja. Myös markkinat tulivat tutuiksi. Tanssimassa kävimme iltaisin aina kun vain tilaisuuksia löytyi.

Sitten se tapahtui! Tapasin miehen, joka vei minut mennessään. Suomalaisen miehen nimeltään, Arvo! Lähdin hänen matkaansa siltä istumalta. Ilmoitin ystävättärille, että tässä on mies, jonka mukaan nyt lähden. Kaikki hyvin.
Minulla oli mukanani vain rannekukkaro, jossa hotellimme avainkortti ja vähän rahaa. Ei meikin meikkiä! Koko viimeinen viikko kului Arvon kanssa. En käynyt hotellissamme kertaakaan, ennen kuin edellisenä iltana, ennen aamuista lähtöämme takaisin
Suomeen. Lentomme oli aikaisin aamulla

4.marraskuuta.

Kävin edellisenä iltana pakkaamassa matkalaukkuni ja kerroin tälle toiselle ystävättärelle, joka oli lähdössä kanssani samaa matkaa takaisin kotiin, että ole aamulla valmiina, Arvo vie meidät lentokentälle.

Lähdin matkalaukku mukanani Arvon luo.

Viikko Arvon luona.

Tässä pitää kertoa tapauksesta, joka minulle oli selkeä viesti. – Yhtenä päivänä olin tiskaamassa astioita, kun minulta särkyi lasi. Kerroin sen Arvolle pahoitellen tapahtunutta, mutta Arvo sanoi: "Älä välitä, minäkin särjin yhden lasin kun aamulla tiskasin." Siihen minä totesin: "Ei kaksi ilman kolmatta, katsotaan vaan!"

Seuraavana päivänä tulimme kauppareissulta Arvon luo, kun huomasin keittiön parvekkeella lojuvan kukan ja lasinsirpaleita. Arvolla oli ollut keittiön ikkunasyvennyksessä kukka korkeassa juomalasissa.

Nyt tämä lasi oli rikki!

Minulle sanonta "sirpaleet tuottavat onnea" oli täyttä totta, uskoin sanontaan, olin aina uskonut.

Ensimmäisenä aamuna Arvon luona, istuin keittiön pöydän ääressä Arvon laittaessa meille aamiaista. Edessäni oli jo lasi valmiina juuri puristettua appelsiinimehua.

Arvo seisoi siinä lähellä, -selin minuun päin, - tehden itselleen samanlaista juoma-annosta. Ajattelin mehulasiani tarkastellen, että montakohan appelsiinia tähän on mennyt? Arvo sanoi, edes kääntymättä minuun päin, että siihen meni viisi appelsiinia. Hups! Lukiko tuo mies ajatukseni?

Näitä ajatustenlukutapauksia sattui tosi usein. Vastasimme toistemme kysymyksiin, ennen kuin edes kysymystä oli ääneen ehditty esittää, puolin ja toisin.

Nämä tapaukset vahvistivat omaa sisintäni tekemään ratkaisun, jonka sitten teinkin. Arvo oli pyytänyt minua tulemaan takaisin. Sanoen: "Tule takaisin, kyllä me pärjäämme, minä pidän sinusta huolen."

Takaisin Suomeen.

Paluumatkalle Arvo oli ostanut minulle kaksikymmentä punaista ruusua, nämä sylissäni matkasin kohti Suomea, kolmella eri lentokoneella, kahdella vaihdolla.

Olin onnellinen. Minua ei haitannut edes ystävättäreni tokaisu: "Kyllä me kirosimme sinut alimpaan helvettiin!" Johtuen siitä, etten antanut itsestäni minkäänlaista elonmerkkiä, puhelimenihan oli jäänyt hotelliin! Sanoin vain, että, kyllähän te tiesitte kenen matkaan minä lähdin..
Suomeen saavuttuani alkoi melkoinen järjestely. Olin jo päättänyt palata, ostaa vain menolipun.. Suoraveloituksen järjestäminen laskuille oli helppoa verrattuna siihen, mitä sain vastaani, kun kerroin lähdöstäni takasin. Se oli shokki monelle läheiselleni, varsinkin äidilleni, joka oli tottunut siihen, että minä huolehdin hänen juoksevista asioistaan ja ruokakauppaostoksistaan viikoittain.

Poikani sanoi, että jos siltä kerran tuntuu, sinun pitää mennä. Muutama ystävättäreni totesi että olen pähkähullu, enhän edes tunne koko miestä. Ei viikko yhdessä vielä mitään kerro! Oli myös heitä, jotka olivat vilpittömästi onnellisia puolestani. Sisarukseni taas tuntevat minut sen verran hyvin, että he tiesivät, jos jotain päätän, sitä ei voi estää. Tämä tilanne oli juuri sellainen. En epäröinyt päätöstäni hetkeäkään. En edes siksi, etten ollut koskaan ennen matkustanut yksin edes Suomessa, saatikka ulkomaille. Sisäinen uskoni ja varmuuteni oli horjumaton.

Suurin vastustus piti kohdata suoraan.

Perustelin äidilleni lähtöäni oman elämäni ratkaisuna, tietoisena valintana. Ei minkäänlaisena hetkellisenä hupsutteluna. Olen jalat maassa oleva, en pilvilinnojen rakentaja.

Äitini tasapaino järkkyi isomman kerran, hänen maailmansa näytti romahtavan. Sain perustella valintaani moneen kertaan. Muistutin häntä myös siitä, että hänellä on kaksi muutakin tytärtä, jotka nyt jatkossa voivat huolehtia asioista, joista minä olin siihen mennessä huolehtinut. Minun on ajateltava omaa itseäni ja vastattava tähän kutsuun, kävi miten kävi. Aina pääsen takaisin. Äitini kun oli sitä mieltä, että mies käyttää minua hyväkseen.

Lentoni takaisin Espanjaan oli torstaina 12.11. Olin Malagassa vähän ennen puolta yötä. Arvo oli minua vastassa. Voi sanoa, että ensimmäinen kokonainen päiväni uudessa elämässäni alkoi perjantaina kolmastoista päivä.

Seuraavalla viikolla tiistaina 17.11 ajoimme Gibraltarille ja menimme siellä kihloihin. Meidät vihittiin seuraavana kesänä juhannusviikolla Suomessa.
Ensimmäisenä Jouluna äitini tapasi Arvon. Olimme Joulun Suomessa. Äitini kohteli Arvoa kuin minut lumonnutta vihollista.
Vuosien saatossa vihollisesta on tullut hyvä ja pidetty vävy. On saavutettu vaikeuksien kautta voitto.

Päivääkään en vaihtaisi pois. Arvon minäkin ansaitsin!

Vietämme kesät Suomessa ja talvet Espanjassa. Vuonna 2013 oloni oli levoton. Tunsin sisäistä levottomuutta, en tiennyt miksi?

Lokakuun lopulla olimme taas Espanjassa. Täällä olen enemmän omien ajatuksieni kanssa rauhassa. Suomessa on monenlaisia tehtäviä, jotka vaativat keskittymistä ja toimintaa.
Aloin tietoisen mietiskelyn, löytääkseni vastauksia olotilaani. Hiljennyin iltaisin ennen nukahtamista ja pyysin opastusta.
Minua alkoi vetää puoleensa kirjoittaminen.
Aamuisin, heti juotuani lasillisen vettä, ennen aamiaista, istahdin kirjoituspöydän ääreen ja aloitin kirjoittamisen.

Ensin syntyi runoja. Joka aamu uusi. Runojen jälkeen alkoi syntyä kirjoitusta, kuin itsestään. Minä kirjoitin, kunnes sanat loppuivat. Seuraavana aamuna jatkoin siitä mihin olin edellisenä aamuna jäänyt. Kirjoitusta syntyi kaksi, kolmekin sivua kerrallaan käsinkirjoitettua tekstiä A4-arkille.

Ystäväni kutsuvat tätä kanavoinniksi.

Ketä minä sitten kanavoin? Kysymykseeni sain vastauksen, - olemme ystäviä. Siitä nimimerkki: Ystävät yhdessä.

Kun aloitin kirjoittamisen, sain mieleeni rauhan. Tiesin tekeväni juuri sitä mitä pitikin. Kirjoille on ensin tullut nimi, sitten teksti, juuri siinä järjestyksessä kuin ne kirjoissa ovat. Ensimmäinen kirja oli *Kastehelmiä Henkisentien kulkijalle*, toinen kirja *Kastehelmiä Valintojen vaikeuteen*, kolmas kirja on nimeltään *Kastehelmiä Ajatuksen voimalla*. Kirjoittaminen jatkuu..

Myös enteet/etiäiset ovat elämässäni.

Viime kesänä Suomessa otimme mökille mukaan mieheni pojanpojan 9v. Poika on vilkas ja erittäin kekseliäs. Tekniikka erityisesti kiinnostaa häntä. Uudet patterikäyttöiset lelut saavat äkkiä uusia muotoja ja uusia käyttötarkoituksia. Mielikuvitusta riittää.

Teimme mökillä suursiivousta ja metalliromuja romuttamolle vietäväksi kertyi aika kasa. Mieheni otti pojan mukaansa romuttamokeikalle, jotta poika voisi toimia pikkuapulaisena. Takaisin tullessaan pojalla oli johdonpätkä, joka oli ilmeisesti irti otettu kahvinkeittimestä tai jostain muusta sähkölaitteesta, - johdon toisessa päässä oli pistoke. 9v. näytti johtoa minulle innoissaan: katso tätä, sain ottaa tämän mukaani. - Ai kuinka kiva juttu..

Poika nukkui vierashuoneessa alakerrassa, meillä on makuuhuone yläkerrassa. Yöllä heräsin ja jouduin lähtemään vessakäynnille. Takaisin tullessani kurkistin vierashuoneeseen miten poika pärjää. Kello oli siinä kolme tai neljä aamuyöllä. Poika nukkui sikeästi, hyvä. Lattialla lojui tuo johdonpätkä.

Nousin yläkertaan, menin sänkyyn ja silloin tuo ajatus iski kuin salama. Emme voi antaa pojan pitää tuota johtoa! Poika laittaa sen vielä seinään pistorasiaan ja saa sellaisen tärskyn, että on henki pois! Ajatus vaivasi minua niin, että en saanut nukuttua. Pitäisikö nousta uudestaan ja hakea tuo johto? Ei, en mene nyt, yritän nukkua ja jos olen hereillä ja jos Arvokin joutuu nousemaan vessakäynnille, kerron hänelle tuon asian.

Näin tapahtui, Arvo heräsi ja oli menossa alakertaan, pyysin: "Ota se johto sieltä lattialta talteen, emme voi jättää sitä pojalle". Viivyttyään jonkin aikaa Arvo tuli yläkertaan ja kysyin, ottiko hän johdon. "Otin", hän sanoi, "mutta ei johto ollut lattialla, se oli pojan repussa"!!

Muutama kuukausi sitten, tunsin palaneen käryä ilmassa. Olimme katsomassa televisiota ja viettämässä rauhallista koti-iltaa, kun kesken kaiken tunsin voimakkaan käryn, sanoin miehelleni, että jossain on nyt jokin kone kärähtänyt. Nousimme kumpikin etsimään mistä tuo käry tuli. (Mieheni ei sitä tosin tuntenut, mutta hän vetosi huonoon hajuaistiinsa). Emme löytäneet mitään, hajukin katosi.

Seuraavana päivänä olin keittiössä tekemässä sosetta tehosekoittimella. Tehosekoitin kärähti niin, että savu tuprusi laitteen sisältä. Käry oli täsmälleen samanlainen kuin se, jonka tunsin edellisenä iltana!

Yhtenä kesänä olimme lähdössä saaristoon, Arvon tyttären syntymäpäiville. Syntymäpäivät vietettiin mökillä saaristossa, lauttamatkan takana. Arvo siinä tuskaili, että lauantaipäivä ja jonoa lautalle varmasti vaikka kuinka.

Olimme saaneet kutsun saapua kahdeksi, kun muut vieraat olisivat tulossa vasta neljältä. Valmistauduimme lähtöön hyvissä ajoin, varautuen juuri tuohon lautalle jonottamiseen. Mieheni siinä edelleen tuskaillessa jonotusta, sanoin, lyöden käsiäni yhteen, että: "Sovitaan niin, että kun tulemme lauttarantaan, olemme jonon ensimmäisenä."

Minä ajoin, - nopeusrajoituksien mukaan, - kuten aina ajan.

Vettä satoi kaatamalla. Taivas oli aivan harmaa kauttaaltaan. Puhuimme siitä, miten kurjaa on sateessa viettää synttäreitä mökillä, jossa yleensä ollaan paljon ulkona.

Kun sitten saavuimme lauttarantaan, lautta oli menossa puolessavälissä toiselle rannalle. Olimme ensimmäisinä jonottamassa. Kysyin mieheltäni, - muistatko mistä sovittiin ennen lähtöä? Katsopa nyt, tässä ollaan, ensimmäisinä!

Tulimme perille, saimme vierasmökin käyttöömme. Asetuimme "taloksi". Ehdotin, että ennen vaatteiden vaihtoa lepäisimme ja keskittyisimme parempaan säähän. Neuvoin miestäni rentoutumaan ja ajattelemaan aurinkoista ilmaa. Itse tekisin samoin.

Mieheni oli heti juonessa mukana, ilman muuta.

"Ei tule sade, ei tule sade", alkoi kuulua vierestäni: "Seis, seis, ei noin! Vaan ajattele keskittyneesti sinikirkasta taivasta ja aurinkoa, niin keskittyneesti,

että näet ne sielusi silmillä. Nythän ajatuksesi ovat kiinni sateessa!"
Uusi yritys. Tällä kertaa aurinkoista säätä, kahden ihmisen ajatuksien voimin. Hiljennyimme, ehkä tunniksi, en osaa sanoa tarkkaa aikaa.
Vieraat alkoivat saapua neljältä. Ei satanut, ei satanut koko iltana. Aurinkokin näyttäytyi.
Selityksiä sattumista saa jokainen esittää ja todennäköisyyksiä iltojen kaunistumisesta saaristossa ihan luonnostaan. Ei haittaa. Totuus on se, ettei satanut!

Tärkein opetus tässä oli tuo mielikuvan rakentaminen. Kun tehdään, kuten mieheni aluksi, "ei tule sade, ei tule sade", mieli on kiinni sateessa! Sanoilla "ei tule" ei ole merkitystä, ajatus on kiinni sateessa!

Joten, kun toivomme itsellemme asioita, joita tarvitsemme, huom. en sano haluamme, koska tarvehankinta on aina voimakkaampaa kuin pelkän mielihalun pohjalta toivottu. Todelliseen tarpeeseemme henkisen energiamme toiminta on huomattavasti tehokkaampaa. (Koska halussamme pelkästään saada jotain, voikin olla kannustimena ahneus).

Niinpä omat voimalauseeni ovatkin: *Minulla on aina kaikki se, mitä tarvitsen; kaiken voi jos tahtoo; toteutukoon paras mahdollinen.*

Voimalauseeni eivät ole pelkkiä fraaseja minun elämässäni, olen myös toiminut niiden mukaan. Olen uskaltanut olla rohkea. Olen tehnyt valintoja, joihin olen saanut ystäviltäni ja tuttaviltani monenlaisia kommentteja.
Kukapa ei kommentoisi jos läheinen/ystävä, jättää hyvän avioliittoelämänsä, hyvän taloudellisen asemansa, hyvän ja pitkään jatkuneen työsuhteensa... Tuosta noin vain, ainakin ulkopuolisista katsottuna.
Asiat eivät kuitenkaan ole aina sitä miltä ne näyttävät. Kaikki ne ystävät, jotka näkivät pintaa syvemmälle, ymmärsivät kyllä toimintani. Tähän voisin vielä sanoa: kuuntele sinäkin sisimpäsi kutsua.

Olemme oman elämämme luojia, kirjaimellisesti. Meidän tehtävämme on elää ja toimia, kuten meistä oikealta tuntuu, itseämme kunnioittaen. Meidän tehtävämme on tehdä valintoja elämämme suunnalle, kunnioittaen itseämme, kunnioittaen Kaikkeutta ympärillämme.

Valinnan teko on toimintaa, suunnan valitsemista, - tietenkin myös toimimattomuus on valinta, joskin siinä on vaarana mennä muun maailman ohjauksessa.

Jos tuntee elämän kohdelleen huonosti, ei kuitenkaan voi osoitella sormellaan ketään muuta kuin itseään.

Tein sen itse itselleni valitsemattomuudellani, - antamalla itseni ajelehtia.

Ota elämäsi hallintaasi.

Aloita tietoisesti hallitsemalla ajatuksesi. Ajatukset kohdistettuna siihen haluttuun kohteeseen luovat puhetta ja toimintaa samaan haluttuun suuntaan. Näin olet aloittanut elämäsi seikkailun.

Mutta jos vähänkään epäröit, niin älä!

Tutustu itseesi, tutustu sisimpääsi. Tunnista kuka olet. Kulje Tietäsi tietoisesti. Rohkeasti. Itseäsi kunnioittaen.

Kunnioita Kaikkeutta ympärilläsi, luota elämän kantavan.

§§§

Jälkikirjoitus

Tässä vielä lopuksi on kerrottava, miten kirjoitin runon hautajaisiini. (Ajattelin mielessäni jo valmiiksi, miten kaikki olisi omissa hautajaisissani). Kirjoittamani runon lukisin nauhalle, josta se sitten soitettaisiin muistotilaisuudessa läsnä oleville. Mietin, miten vaikuttavaa olisi, kun saisin jättää jäähyväiset läheisilleni omalla äänelläni ja omalla runollani.
Tämän runon kirjoitin jo 11.7.1993.

Eron hetki

Kun eloni päätän tämän maallisen,
sitä toivo en, että itkien
minut hautaan saatatte surien.
Vaan matka käykää riemuiten,
- olkaa kanssani onnellinen.
Olen päässyt tilaan autuuden.
En kipuja, suruja tunne lain.
Ovat surut ja murheet vieraita vain.
Kiitos kun kanssanne elää sain,
näitä elämänpolkuja taivaltain.
Vielä minä viimeksi pyydän näin:
Antakaa anteeksi ystäväin,
tämä lähtöni täältä näin yllättäin.
Minä muistot kaikki vien mukanain.
Kiitos kun teiltä niitä mä sain.
Ovat muistot rikkautta sydämen, sielun.
Ne aina on mun. Ne aina on sun.
Vaikka maallinen majani mullassa

makaa, niin sieluni elämä on vankka ja
vakaa.
Ovat muistot ja rakkaus ravintoa sen,
siksi uudesta olostani iloitsen.

Ennen viimeistä työpäivääni töissä, sanoin työkavereilleni, että aloitan aivan uudenlaisen elämän. Ikään kuin synnyn uudestaan.
Tämä asia kyllä pitää paikkansa, koko ikäni töitä tehneenä, jäisin nyt pois työelämästä. Tulisihan elämäni olemaan täysin erilaista. Olisin kuin uudestisyntynyt.
Sitä, että tämän runon omiin hautajaisiini olin kirjoittanut tasan kymmenen vuotta aikaisemmin, päivälleen samana päivänä kuin oli viimeinen työpäiväni, - tuon asian tajusin vasta paljon myöhemmin!
Tällaiset asiat ja tapahtumat elämässäni laittavat väkisinkin ajatukseni uusiin uomiin. Luottamus elämän kantamiseen vahvistuvat.

Minua on johdatettu oikeaan/tietoisesti tiettyyn suuntaan jo paljon ennen, kuin edes tiesin tällaisia asioita olevan olemassakaan. (Energiassa tietoista olemista).
Kysymykseni sinulle kuuluukin: Luotatko, uskotko sinä elämän kantavan? Ajattelemisen arvoinen asia, eikö?

Uskoa arkeen sinulle ystäväni

Pirjo Piippola